Erfolgreiche Aktieninvestitionen trotz Krisen

Wie Sie auch in Krisenzeiten erfolgversprechende Aktien finden und die richtigen Entscheidungen bei Ihrer Investition treffen

Joachim Müller

1. Auflage November 2023

Copyright by
food & future Agentur für Kommunikation & Vertrieb
e.K./
DerOnlinemüller Capital GmbH
Inhaber Joachim Müller

ISBN: 9798866620081

Für Fragen und Anregungen:
info@food-future.de

Inhaltsverzeichnis

Ein Vorwort:
Kann man heute noch Aktien kaufen?

Aktien sind eine Beteiligung an Unternehmen und daher eine Investition in Sachgüter. Geht man also davon aus, dass die Welt nicht untergeht und es immer Unternehmen gibt, die etwas produzieren, kann man generell auch heute trotz Dauer-Krisen, Kriegen, Rezession, Inflation usw. in Aktien investieren.

Allerdings sollte man nicht davon ausgehen, dass Aktien immer nur steigen können. Natürlich gibt es an der Börse auch Zeiten, in denen es nicht gut läuft, in denen Aktienkurse in den Keller fallen oder sich nur seitwärts bewegen.

Fakt ist aber, dass Aktienkurse im Laufe der letzten 100 Jahre immer eine grobe Tendenz nach oben hatten – wer also die richtigen Aktien auswählt und diese einfach liegen lässt, macht eigentlich prinzipiell nichts falsch. Nur sollte man die Aktien nicht dann kaufen, wenn sie nach einem langen Aufwärtstrend schon ziemlich lang gut gelaufen sind, sondern möglichst dann, wenn sie nach einer Abwärtsbewegung in den Keller gerutscht sind.

Wer in der Wirtschaftskrise 1929 Aktien zu früh gekauft hat oder seine vorhandenen Aktien gehalten hat, musste mehr als 20 Jahre warten, bis er wieder seinen Einstandskurs erreicht hatte. Ein rechtzeitiger Ausstieg aus Aktien ist also manchmal durchaus sinnvoll.

Fakt ist auch: Es gibt Unternehmen und damit Aktien, die eine Rezession oder eine Krise nicht überstehen. Daher ist es umso wichtiger, Aktien zu finden, die „genug auf den Rippen haben" und auch Krisen überstehen können.
Natürlich sind auch diese Unternehmen nicht gefeit davor, bankrott zu gehen oder zumindest in einer Krise Federn zu lassen. Nur ist die Chance, dass sie nach der Krise noch da sind und dann auch langfristig wieder wachsen, deutlich höher als bei spekulativen Titeln, die nur aufgrund von Hoffnungen und „Geheimtipps" gewachsen sind.

Nur stellt sich dann die Frage, ob Sie einen langen Anlagehorizont haben oder eher kurzfristig Geld verdienen wollen / müssen. Und auch wenn Sie langfristig investieren wollen, heißt das nicht, dass man Aktien kauft und dann in 30 Jahren nachschaut, was passiert ist. Sicherlich muss man nicht jede Abwärtsbewegung – vor allem die längeren – mitmachen, denn sonst müsste man zu lange warten, um wieder einen Gewinn mit seiner Aktienentwicklung zu haben.

Mal ganz davon abgesehen, ob es das Unternehmen in 30 Jahren noch gibt, ob möglicherweise politische Entscheidungen getroffen werden, die Aktienbesitz unrentabel machen oder welche sonstigen Dinge passieren, die Aktien und Unternehmensbeteiligungen uninteressant machen.

Übrigens wurden auch bei Währungsreformen Aktien noch nie wertlos, da sie einen reellen Wert darstellen und nicht nur Papiergeld, das irgendeine Bank oder Institution auf Knopfdruck produziert hat (FIAT-Geld, Lebensversicherungen, Bausparverträge usw....)

Natürlich kann man in Krisenzeiten sein Kapital auch in andere werthaltige Dinge stecken, z.B. in Gold oder Silber (und die entsprechenden Aktien der Minengesellschaften).

Von Immobilien würde ich in extremen Krisen eher abraten, da es schon mehrmals in der Vergangenheit staatliche Zwangshypotheken für Immobilienbesitzer gab. Gerade in Zeiten, in denen Immobilien schon eine längere Zeit nur teurer wurden und sich kaum noch ein Normalverdiener mit einem Durchschnittseinkommen ein Haus in einigermaßen attraktiver Lage leisten kann, besteht die Gefahr, dass die Blase irgendwann platzt. Und wenn man dann bis an die Halskrause verschuldet ist und vielleicht die Zinsen ansteigen, hat man ein Problem – und das Eigenheim ist schneller weg als man das gedacht hätte. Na ja, weg ist es nicht, es hat nur jemand anderer – entweder die Bank oder jemand, der genügend Kleingeld hat, um in Krisenzeiten zuzuschlagen.

Bleiben wir also bei der Frage, wie finde ich Aktien, die solide Zahlen haben und gute Chancen, auch Krisen zu überstehen. Welche Kriterien gibt es und wie kann man die einfach feststellen bzw. auch als Laie ermitteln, damit man eine Geldanlage hat, die rentabel ist und langfristig Erträge bringt.

Ist die Bewertung der Qualität einer Aktie nur was für Profis?

In der Bewertung von Aktien gibt es verschiedene Ansätze. Grob gesagt ist das die **Technische Analyse und die Fundamentalanalyse.**

Was erst mal kompliziert klingt, ist auf den zweiten Blick rel. einfach erklärt.
Die **technische Analyse verfolgt eher einen kurzfristigen Ansatz** von Minuten bis wenigen Monaten und ist daher das bevorzugte Instrument für Trading.
Die **Fundamentalanalyse ist eher ein langfristiger Ansatz und daher das bevorzugte Instrument für eine Buy and Hold oder besser für eine Investment-Strategie.**

Bei beiden Analysen gibt es natürlich Vor- und Nachteile und kein Ergebnis, das immer stimmt bzw. immer einen Gewinn bringt.
Die Kombination beider Instrumente ist aber eine gute Möglichkeit, um Einstiegs- oder Ausstiegspunkte beim Aktienkauf zu bestimmen und generell die Aktien auszuwählen, bei denen die Zahlen stimmen.

Der Markt bestimmt, was er für eine Aktie bereit ist zu zahlen.
Leider schwankt er jeden Tag – und Spekulanten oder Daytrader versuchen, aus diesen Schwankungen einen Profit zu erzielen.

Langfristinvestoren schauen sich den inneren Wert eines Unternehmens an und kaufen dann, wenn der Markt nach unten übertreibt, also den inneren Wert eines Unternehmens niedriger einschätzt als es wirklich der Fall ist.
Dadurch bekommen Value-Investoren eine Aktie mit einer Sicherheitsmarge und können es sich leisten, solange die Aktie zu halten, bis die Börse den wirklichen Wert des Unternehmens erkannt hat und den entsprechenden Preis dafür bereit ist zu zahlen.

1. Einführung in die Welt der Aktien

Herzlich willkommen zu "Erfolgreiche Aktieninvestitionen trotz Krisen".
In diesem Buch werde ich mich intensiv mit dem Thema Aktieninvestitionen und deren Durchführung während Krisenzeiten befassen.
Diese allgemeinen Hinweise sind für Einsteiger in den Aktienhandel geeignet als Überblick, was man beachten sollte und wie man an die entsprechenden Infos kommt. Erfahrene Aktientrader bekommen hier eine gute Zusammenfassung.

Im Anhang stelle ich Ihnen ein Programm vor, das ich selbst täglich nutze und das Ihnen sämtliche benötigten Informationen zu den einzelnen Werten und Charts und Indikatoren liefert, um möglichst erfolgreich zu handeln.

Leider muss man feststellen, dass es heutzutage kaum noch Phasen gibt, in denen es keine Krise gibt, sondern: Krisen sind überall und fortwährend vorhanden und leider schon Normalität in unserer modernen Welt.
Der Aktienmarkt kann ein unsicheres Terrain sein, aber mit dem richtigen Wissen und den geeigneten Strategien können Sie auch in schwierigen Zeiten erfolgreich investieren.

Die Bedeutung von Aktieninvestitionen

Aktien sind ein entscheidender Bestandteil der Finanzwelt. Sie ermöglichen es Privatpersonen, in Unternehmen zu investieren und am Erfolg dieser Unternehmen teilzuhaben. Aktieninvestitionen bieten langfristige Wachstumschancen und können ein wichtiger Baustein für Ihre finanzielle Zukunft sein.

Krisen und ihre Auswirkungen auf den Aktienmarkt

Krisen sind unvermeidlich, aber wie beeinflussen sie den Aktienmarkt? In diesem Kapitel werden wir die verschiedenen Arten von Krisen untersuchen, von Finanzkrisen bis hin zu Naturkatastrophen, und wie sie sich auf Aktien auswirken.

Strategien für den Aktienkauf in Krisenzeiten

In unsicheren Zeiten ist es entscheidend, kluge Entscheidungen zu treffen. Ich werde verschiedene Strategien diskutieren, die Ihnen helfen, in Krisenzeiten erfolgreich in Aktien zu investieren.

2. Die Bedeutung von Aktieninvestitionen

In diesem Kapitel werde ich mich eingehender mit der Bedeutung von Aktieninvestitionen befassen. Aktien sind mehr als nur Finanzinstrumente; sie sind eine Möglichkeit, Ihr Vermögen zu steigern und an Unternehmen teilzuhaben.

Aktieninvestitionen sind eine der wichtigsten Möglichkeiten, langfristiges Wachstum und finanzielle Stabilität zu erreichen. Die Bedeutung von Aktien geht weit über das einfache Kaufen und Verkaufen hinaus. Hier sind einige Schlüsselaspekte:

Unternehmenseigentum

Der Kauf von Aktien bedeutet, dass Sie Anteile an einem Unternehmen besitzen. Dies gibt Ihnen ein Mitspracherecht bei wichtigen Unternehmensentscheidungen, wenn Sie genügend Aktien besitzen. Ihr Engagement als Aktionär kann die Entwicklung des Unternehmens beeinflussen.

Kapitalwachstum

Aktien haben das Potenzial, im Laufe der Zeit an Wert zuzulegen. Dieser Wertzuwachs kann dazu beitragen, Ihr Vermögen zu steigern und finanzielle Ziele zu erreichen, sei es für den Ruhestand, die Ausbildung Ihrer Kinder oder den Kauf eines Eigenheims.

Dividenden

Viele Unternehmen zahlen Dividenden an ihre Aktionäre. Diese regelmäßigen Zahlungen sind eine Quelle passiven Einkommens. Dividendenaktien sind besonders beliebt bei Anlegern, die nach stabilen Erträgen suchen.

Aktienrückkäufe

Viele Firmen kaufen ihre eigenen Aktien auch zurück, wenn sie einen hohen Barmittelbestand haben. Durch diese Aktienrückkäufe verringert sich die Zahl der Aktien auf dem Markt und die einzelnen Aktien steigen im Wert, da der Unternehmenswert durch eine geringere Zahl Aktien dividiert werden muss. Neben der Dividendenzahlung ist der Aktienkauf eine beliebte Möglichkeit, die Aktionäre am wirtschaftlichen Erfolg der Firma zu beteiligen.

Diversifikation

Aktieninvestitionen ermöglichen es Ihnen, Ihr Portfolio zu diversifizieren. Sie können in verschiedene Branchen, Länder und Unternehmen investieren, um das Risiko zu minimieren. Diversifikation ist ein wichtiger Schutz vor Marktschwankungen.

Langfristige Perspektive

Aktien sind ideal für langfristig orientierte Anleger. Historisch gesehen haben sich die Märkte im Laufe der Zeit immer erholt und sind gewachsen. Ein langfristiger Ansatz kann Ihnen helfen, kurzfristige Schwankungen zu überstehen.

Es ist wichtig zu verstehen, dass Aktieninvestitionen auch mit Risiken verbunden sind. Der Wert von Aktien kann fallen, und es gibt keine Garantie für Gewinne. Dennoch, wenn Sie die Grundlagen verstehen und eine kluge Strategie verfolgen, können Aktien einen wichtigen Platz in Ihrer finanziellen Zukunft einnehmen.

In den folgenden Kapiteln werde ich mich intensiver mit den Risiken und Strategien für den Aktienkauf während Krisenzeiten befassen. Es ist entscheidend, gut informierte Entscheidungen zu treffen, um in solch herausfordernden Zeiten erfolgreich zu sein.

3. Krisen und ihre Auswirkungen auf den Aktienmarkt

Die Finanzwelt ist von Natur aus volatil, und wirtschaftliche Krisen sind unvermeidlich. In diesem Kapitel werden wir die verschiedenen Arten von Krisen betrachten und wie sie sich auf den Aktienmarkt auswirken.

Arten von Krisen

Es gibt verschiedene Arten von Krisen, die den Aktienmarkt beeinflussen können:

1. **Finanzkrisen:** Diese Krisen sind oft mit Banken und Finanzinstitutionen verbunden und können durch übermäßige Verschuldung, Bankzusammenbrüche oder Währungskrisen ausgelöst werden.
2. **Wirtschaftskrisen:** Hierbei handelt es sich um allgemeine wirtschaftliche Probleme wie Rezessionen, in denen die Wirtschaft schrumpft, Arbeitslosigkeit steigt und das Verbrauchervertrauen sinkt.
3. **Politische Krisen:** Politische Unsicherheit und Instabilität können sich negativ auf den Aktienmarkt auswirken, da sie das Vertrauen der Anleger erschüttern.
4. **Naturkatastrophen:** Naturkatastrophen wie Erdbeben, Überschwemmungen oder Pandemien können schwerwiegende

Auswirkungen auf Unternehmen und die
Wirtschaft haben.

Auswirkungen auf den Aktienmarkt

Krisen können zu starken Marktschwankungen führen.
Die Kurse von Aktien können rapide fallen, da Anleger
nervös werden und verkaufen. Die Auswirkungen auf
den Aktienmarkt hängen von der Art und dem Ausmaß
der Krise ab.

Anlegerverhalten in Krisenzeiten

In Krisenzeiten ist das Verhalten der Anleger von
Angst und Unsicherheit geprägt. Viele neigen dazu,
ihre Aktien zu verkaufen, um Verluste zu begrenzen.
Dies kann zu einem Teufelskreis führen, bei dem die
Kurse weiter fallen. Es ist wichtig zu verstehen, wie
Emotionen den Markt beeinflussen und wie Sie dem
entgegenwirken können.

Die Rolle von Informationen

Informationen sind entscheidend in Krisenzeiten. Gut
informierte Anleger haben die Möglichkeit, kluge
Entscheidungen zu treffen und von den
Marktschwankungen zu profitieren.

Krisen sind eine unvermeidliche Realität der
Finanzmärkte, aber sie bieten auch Chancen für kluge
Anleger. Es ist entscheidend, gut vorbereitet zu sein
und eine klare Strategie zu haben, um in solchen
Zeiten erfolgreich zu investieren.

4. Strategien für den Aktienkauf während wirtschaftlicher Krisen

In diesem Kapitel werden wir uns auf Strategien konzentrieren, die Ihnen helfen, in Aktien zu investieren, selbst wenn die Wirtschaft von Krisen gebeutelt wird. Das richtige Vorgehen in solchen Zeiten kann den Unterschied zwischen Verlusten und langfristigem Erfolg ausmachen.

Langfristige Perspektive

Eine der wichtigsten Strategien in Krisenzeiten ist, einen langfristigen Blick auf Ihre Investitionen zu werfen. Kurzfristige Schwankungen können beängstigend sein, aber langfristig haben die Aktienmärkte tendenziell einen Aufwärtstrend gezeigt. Wenn Sie langfristig investieren, haben Sie eine bessere Chance, von diesen langfristigen Trends zu profitieren.

Diversifikation

Die Diversifikation Ihres Portfolios ist ein wichtiger Schutz gegen das Risiko. Investieren Sie nicht Ihr gesamtes Kapital in eine einzige Aktie oder Branche. Streuen Sie Ihre Investitionen über verschiedene Unternehmen, Sektoren und Regionen, um das Risiko zu minimieren.

Geduld und Disziplin

Krisenzeiten können emotional belastend sein, und es kann verlockend sein, panikartig zu handeln. Es ist jedoch wichtig, Geduld und Disziplin zu wahren. Vermeiden Sie überstürzte Verkäufe, und treffen Sie Ihre Entscheidungen auf der Grundlage von fundierten Informationen und Ihrer langfristigen Anlagestrategie.

Nachkäufe (Dollar-Cost-Averaging)

Eine Strategie, die in volatilen Märkten nützlich sein kann, ist das Nachkaufen von Aktien zu regelmäßigen Intervallen, unabhängig von den aktuellen Kursen. Diese Technik, als Dollar-Cost-Averaging bekannt, ermöglicht es Ihnen, mehr Aktien zu kaufen, wenn die Kurse niedrig sind, und weniger, wenn sie hoch sind. Dies kann dazu beitragen, den durchschnittlichen Kaufpreis zu senken.

Allerdings sollte man Cost-Averaging nur bei wirtschaftlich soliden Unternehmen nutzen, sonst kann es passieren, dass man „gutes Geld schlechtem hinterher wirft".
Bei schlechten Aktien und sinkenden Kursen neigt man dazu, durch Nachkäufe seinen Einstandskurs zu verbilligen und steht am Ende möglicherweise mit vielen Aktien einer Firma da, die insolvent ist.

Qualitative und quantitative Analyse

Es ist entscheidend, sowohl qualitative als auch quantitative Analysemethoden zu nutzen, um Aktien auszuwählen. Die qualitative Analyse beinhaltet die Untersuchung des Unternehmens, seiner Führung und seiner langfristigen Aussichten. Die quantitative Analyse bezieht sich auf die Bewertung von Kennzahlen und Finanzdaten.

Recherchieren Sie gründlich

Während Krisenzeiten ist es wichtiger denn je, gründliche Recherchen durchzuführen. Informieren Sie sich über die Unternehmen, in die Sie investieren möchten, und bleiben Sie auf dem Laufenden über die aktuellen Entwicklungen in der Wirtschaft. Gut informierte Entscheidungen sind entscheidend.

Die Wahl der richtigen Strategien in Krisenzeiten kann den Unterschied zwischen finanzieller Stabilität und Verlusten ausmachen. Investieren Sie mit Bedacht, planen Sie langfristig und bleiben Sie informiert, um Ihre Erfolgschancen zu maximieren.

Überlegen Sie auch einmal, welche Produkte immer gebraucht werden, egal, ob es gerade eine Krise gibt oder nicht. Solche Bereiche sind z.B. Ernährung, Pharma, Hygiene, Rohstoffe, Energie, Wohnungen für private Zwecke.

5. Unternehmensbewertung und Aktienauswahl

Die Auswahl der richtigen Aktien ist ein entscheidender Schritt auf dem Weg zu erfolgreichen Aktieninvestitionen. In diesem Kapitel werden wir uns mit der Bewertung von Unternehmen und der Auswahl von Aktien befassen.

Value-Investoren (also solche, die nicht spekulieren, sondern den inneren Wert eines Unternehmens als Grundlage für den Aktienhandel nutzen) arbeiten bei der Beurteilung eines Unternehmens meist nach einem der erweiterten Investmentansätze von Benjamin Graham (z.B. auch Warren Buffet)

Diese drei Investmentansätze sind:

Der konservative Ansatz – die Bilanz als wichtigste Informationsquelle:

- Der Wert des Umlaufvermögens (Barmittel, Inventar und Forderungen gegenüber Kunden) abzüglich der Verbindlichkeiten sind größer als der Börsenwert.
- Außerdem sollten die Unternehmen finanziell stabil sein, gute Geschäftsaussichten haben und ein gutes Management.

Der defensive Ansatz - Unternehmen sollten folgende Kriterien erfüllen:

- Großes, bedeutendes Unternehmen mit möglichst globaler Präsenz
- mit finanzieller Stärke (möglichst wenig Cashflow muss ins Unternehmen investiert werden, die

Eigenkapitalquote ist hoch, die Verschuldung gering)
- stetige Dividendenausschüttung (bis zu 40-60% verantwortlich)
- stabiles Gewinnwachstum über einen 10 Jahres-Zeitraum, Unternehmen sollte mehrere Krisen überstanden haben
- moderates Kurs-Gewinn-Verhältnis
- Marktwert des Unternehmens an der Börse sollte den bilanziellen Wert nicht stark übersteigen
- Es sollten Güter des täglichen Bedarfes hergestellt werden und das Geschäftsmodell sollte einfach sein

Der professionelle Ansatz - innerer und äußerer Wert des Unternehmens:

- Grundregeln wie beim defensiven Ansatz, aber flexibel gehandhabt
- Schwächen in einzelnen Punkten können durch Stärken in anderen Punkten ausgeglichen werden
- Die Größe des Unternehmens spielt keine Rolle
- Es wird ein Kaufsignal generiert, wenn der innere Wert signifikant unter dem Börsenwert liegt, bzw. es wird ein Verkaufssignal generiert, wenn der Kurs der Aktie signifikant über dem inneren Wert liegt oder die Unternehmensqualität sich verschlechtert hat

Fundamentalanalyse (die Qualität einer Aktie beurteilen)

Die Fundamentalanalyse ist eine der grundlegenden Methoden zur Bewertung von Aktien. Sie beinhaltet die Untersuchung von Unternehmensdaten, Finanzkennzahlen und Geschäftsberichten.
Um generell die Qualität einer Aktie beurteilen zu können, muss man natürlich die richtigen Zahlen haben. Dabei gibt es einige wenige Daten, die man kostenlos ermitteln kann und die einen grundlegenden Eindruck vom Potential der Aktie vermitteln.
Achtung: Diese Zahlen sind zwar wichtig, aber wenn Sie in einer Branche unterwegs seid, die kein Mensch haben will, nutzen die natürlich auch nicht so sehr viel.

Im Anhang finden Sie ein Programm und die Vorgehensweise damit, um an die richtigen Zahlen zu kommen.

Hier sind einige Schlüsselelemente der Fundamentalanalyse :

- **Umsatz und Gewinn**: Schauen Sie sich das Umsatzwachstum und den Gewinn des Unternehmens im Laufe der Zeit an. Unternehmen mit stabilen oder steigenden Einnahmen sind oft gute Kandidaten.
- **Bilanz**: Überprüfen Sie die Bilanz des Unternehmens, um sicherzustellen, dass es solide finanziert ist und keine übermäßige Verschuldung aufweist.
- **Cashflow**: Der Cashflow zeigt, wie gut ein Unternehmen Liquidität generiert. Ein positiver Cashflow ist ein gutes Zeichen.
- **Dividenden**: Wenn Sie nach Dividendenaktien suchen, überprüfen Sie die Dividendenhistorie

des Unternehmens. Steigende Dividenden sind ein Indikator für finanzielle Stabilität.

Technische Analyse (Charts und Indikatoren)

Die technische Analyse bezieht sich auf die Untersuchung von Preis- und Handelsvolumendaten, um Handelsmuster und Trends zu identifizieren. Technische Analysten verwenden Charts und Indikatoren, um Kauf- und Verkaufssignale zu finden. Die technische Analyse kann in Verbindung mit der Fundamentalanalyse verwendet werden, um Entscheidungen zu treffen.

Geschäftsberichte

Geschäftsberichte sind eine hervorragende Informationsquelle, um mehr über ein Unternehmen zu erfahren. Sie enthalten Informationen über die Unternehmensstrategie, Finanzdaten, Risikofaktoren und die Zukunftspläne des Unternehmens. Lesen Sie diese Berichte aufmerksam, um ein besseres Verständnis für die langfristigen Aussichten des Unternehmens zu erhalten.

Auswahlkriterien

Bei der Auswahl von Aktien sollten Sie klare Kriterien festlegen. Überlegen Sie, welche Art von Unternehmen zu Ihrem Anlageziel passt. Berücksichtigen Sie Faktoren wie die Unternehmensgröße, die Branche, das Wachstumspotenzial und die Dividendenpolitik.

Bewertung

Die richtige Bewertung von Aktien ist entscheidend. Vergleichen Sie den aktuellen Aktienkurs mit dem inneren Wert des Unternehmens. Versuchen Sie zu ermitteln, ob die Aktie über- oder unterbewertet ist. Diese Bewertung kann Ihnen bei der Entscheidung helfen, ob es an der Zeit ist, eine bestimmte Aktie zu kaufen oder zu verkaufen.

Die Wahl der richtigen Aktien erfordert gründliche Recherche und Analyse. Die Fundamentalanalyse, technische Analyse und das Studium von Geschäftsberichten sind wertvolle Werkzeuge, um fundierte Entscheidungen zu treffen.

Praxis: Welche Aktien kaufen angesichts der heutigen Situation?

Für einen Aktienkauf heute sollte man sich verschiedene Dinge anschauen und sich nicht verrückt machen lassen. Sicherlich ist die Situation heute so, dass manche Firmen eine eher riskante Investition darstellen, während andere durchaus auch in Krisenzeiten gute Chancen bieten, sein Kapital zumindest zu erhalten.

Welche Punkte sollte man vor einem Aktienkauf beachten?

Frage 1: Welche Firmen liefern Produkte, die immer gebraucht werden und absolut lebensnotwendig sind?

- Lebensmittel (Grundnahrungsmittel und Wasser)

- Medikamente (vor allem solche für chronische Krankheiten, z.B. Diabetes)

- Energie (heute verfügbare wie Kohle, Öl, Gas ...)

- Rohstoffe für die Industrie

- Hygieneartikel (wirklich wichtige)

- Wohnungen für private Zwecke

Frage 2: Welche Aktien aus 1) kommen aufgrund ihrer Zahlen in Betracht?

Hier sind vor allem drei Kriterien entscheidend, nämlich

- die Bruttomarge / Nettomarge

- der Nettogewinn im Verhältnis zum Umsatz (sehr gute Firmen erreichen hier 25 und mehr Prozent)

- Der Schuldenstand im Verhältnis zum Eigenkapital und Gesamtkapital (bei hohen Zinsraten sollte das Eigenkapital mind. 40% ausmachen)

Frage 3: Gibt es zu diesen Firmen Meldungen, die eine besondere Unterstützung / Gefahr für den Aktienkurs darstellen könnten?

- Bestimmte Nachfrageverhältnisse könnten besonderen Rückenwind bedeuten (z.B. Rohstoffaktien, Aktien aus dem Bereich alternative Energien)

- Politische Programme oder gesellschaftliche Ereignisse fördern Branchen oder Investitionen (z.B. Seltene Erden, Alternativenergien, Pflegeberufe ...)

- Bestimmte Hemmnisse beim Aktienkurs fallen in Zukunft weg (z.B. höhere zu erzielende Preise für das Unternehmen durch Wegfall von billigeren Vorkaufsrechten z.B. bei Rohstoffaktien)

- Bestimmte Umstände im Umfeld der Aktien verschlechtern sich dramatisch. Beispiele:
  - Größere, nicht notwendige Güter bei stark steigender Inflation, wie z.B. Autos, Reisen, Hotels, Gaststättenbesuche usw;
  - Aktien aus dem Bereich Einzelhandel, vor allem stationärer Einzelhandel bei Rezession – Überkapazitäten und sinkende Margen kombiniert oft mit langfristigen Ladenmietverträgen

- Aktien aus dem Bereich Real Estate Investment Trusts – die Unternehmen müssen ihre gesamten Erträge als Dividende ausschütten und haben daher keinen Puffer für schlechte Zeiten
- Aktien aus dem Bereich Halbleiter, wenn es zu Kaufzurückhaltung in einer Rezession kommt oder ein bisheriger großer Abnehmer eine eigene Produktion aufbaut

Gerade Punkt 3 und 4 ist natürlich mit intensiverer Recherchetätigkeit verbunden und sollte daher nur das "Tüpfelchen auf dem I" sein, wenn man Aktien kaufen will.

6. Portfolio-Diversifizierung und Risikomanagement

Die Diversifizierung Ihres Aktienportfolios ist ein wichtiger Schutz vor Risiken und Volatilität. In diesem Kapitel werden wir uns mit der Bedeutung der Portfolio-Diversifizierung und dem Risikomanagement bei Aktieninvestitionen in Zeiten wirtschaftlicher Krisen befassen.

Diversifizierung erklärt

Diversifizierung bezieht sich auf die Verteilung Ihrer Investitionen auf verschiedene Vermögenswerte, Branchen und geografische Regionen. Das Ziel ist es, das Risiko zu minimieren, indem Sie nicht alle Ihre Eier in einen Korb legen. Wenn Sie Ihr Portfolio diversifizieren, verringern Sie die Wahrscheinlichkeit, dass ein schlecht performendes Unternehmen oder eine Branche Ihre Gesamtrendite stark beeinflusst.

Asset Allocation

Die Aufteilung Ihres Portfolios auf verschiedene Anlageklassen ist ein wichtiger Bestandteil der Diversifizierung. Neben Aktien können auch Anleihen, Rohstoffe und Immobilien in Betracht gezogen werden. Die richtige Asset Allocation hängt von Ihren Anlagezielen, Ihrer Risikobereitschaft und Ihrer Zeitperspektive ab.

Branchendiversifikation

Die Auswahl von Aktien aus verschiedenen Branchen ist ebenfalls entscheidend. Während in einer Branche eine Krise herrschen kann, kann eine andere florieren. Stellen Sie sicher, dass Ihr Portfolio Aktien aus verschiedenen Sektoren enthält.

Internationale Diversifizierung

Die internationale Diversifizierung kann Ihnen helfen, das Risiko weiter zu minimieren. Investieren Sie nicht nur in Unternehmen aus Ihrer eigenen Region, sondern betrachten Sie auch Aktien aus anderen Ländern. Dies kann Ihr Portfolio widerstandsfähiger gegen lokale wirtschaftliche Probleme machen.

Risikomanagement

Risikomanagement ist entscheidend, um Ihr Portfolio in Krisenzeiten zu schützen. Hier sind einige wichtige Aspekte:

- **Stopp-Loss-Aufträge:** Setzen Sie Stopp-Loss-Aufträge, um Verluste zu begrenzen. Wenn eine Aktie einen vorher festgelegten Preis erreicht, wird sie automatisch verkauft.
- **Notfallfonds:** Stellen Sie sicher, dass Sie über einen Notfallfonds verfügen, um unerwartete Ausgaben decken zu können, ohne Ihre langfristigen Investitionen anzutasten.
- **Regelmäßige Überprüfung:** Überwachen Sie regelmäßig Ihr Portfolio und passen Sie es bei Bedarf an. Ein guter Plan sollte flexibel sein.
- **Emotionale Kontrolle:** Lassen Sie sich nicht von Emotionen leiten. Angst und Gier können zu schlechten Entscheidungen führen. Bleiben Sie ruhig und rational.

Durch Portfolio-Diversifizierung und effektives Risikomanagement können Sie Ihr Aktienportfolio widerstandsfähiger gegenüber Marktschwankungen und wirtschaftlichen Krisen machen.

7. Die Psychologie hinter erfolgreichen Aktieninvestitionen

Die Psychologie spielt eine entscheidende Rolle in der Welt der Aktieninvestitionen. In diesem Kapitel werden wir die emotionalen Aspekte des Aktienhandels und die psychologischen Fallstricke, denen Anleger begegnen, beleuchten.

Emotionen und Entscheidungen

Emotionen wie Angst, Gier und Überzeugung können Ihre Anlageentscheidungen erheblich beeinflussen. In Zeiten von Unsicherheit und Volatilität ist es leicht, von Emotionen überwältigt zu werden. Hier sind einige wichtige emotionale Faktoren:

- **Angst:** Die Angst vor Verlusten kann dazu führen, dass Anleger aus dem Markt aussteigen, wenn die Kurse fallen. Dies kann langfristig zu Verlusten führen.
- **Gier:** Gier kann dazu führen, dass Anleger zu risikoreichen Entscheidungen neigen. Sie könnten zu viel Kapital in riskante Anlagen investieren, um höhere Gewinne zu erzielen.
- **Überzeugung:** Übermäßiges Vertrauen in eine bestimmte Aktie oder Strategie kann dazu führen, dass Anleger zu stark auf diese setzen, ohne ausreichend zu diversifizieren.

Emotionale Kontrolle

Die Kontrolle Ihrer Emotionen ist entscheidend. Hier sind einige Schritte, um emotionale Faktoren zu minimieren:

- **Langfristige Perspektive:** Denken Sie langfristig und behalten Sie Ihre Anlageziele im Auge.
- **Realistische Erwartungen:** Setzen Sie realistische Erwartungen hinsichtlich Renditen und Risiken.
- **Planung:** Erstellen Sie einen Handelsplan und halten Sie sich daran.
- **Diversifizierung:** Diversifizieren Sie Ihr Portfolio, um das Risiko zu minimieren.
- **Stopp-Loss-Aufträge:** Verwenden Sie Stopp-Loss-Aufträge, um Verluste zu begrenzen.

Mentale Fitness

Die mentale Fitness spielt eine wichtige Rolle. Pflegen Sie einen gesunden Lebensstil, schlafen Sie ausreichend und vermeiden Sie übermäßigen Stress. Dies kann Ihnen helfen, klar zu denken und bessere Anlageentscheidungen zu treffen.

Informierte Entscheidungen

Informierte Entscheidungen sind ein weiterer Weg, um die emotionalen Aspekte des Aktienhandels zu minimieren. Je besser Sie über die Unternehmen und Branchen informiert sind, in die Sie investieren, desto mehr Vertrauen haben Sie in Ihre Entscheidungen.

Die Psychologie hinter Aktieninvestitionen ist komplex, aber sie kann mit bewusster Anstrengung und Disziplin bewältigt werden.

Die Psychologie spielt eine entscheidende Rolle in der Welt der Aktieninvestitionen. In diesem Kapitel werden wir die emotionalen Aspekte des Aktienhandels und die psychologischen Fallstricke, denen Anleger begegnen, beleuchten.

8. Der langfristige Ansatz: Buy and Hold

Der langfristige Ansatz, auch als "Buy and Hold" bekannt, ist eine bewährte Strategie für erfolgreiche Aktieninvestitionen. In diesem Kapitel werden wir diese Strategie näher beleuchten und erläutern, warum sie für viele Anleger von Vorteil ist.

Was ist "Buy and Hold"?

"Buy and Hold" bedeutet, Aktien zu kaufen und sie über einen längeren Zeitraum zu halten, unabhängig von kurzfristigen Marktschwankungen. Anstatt häufig zu handeln, setzen Anleger auf langfristiges Wachstum und die Stärke der Märkte.

Warum "Buy and Hold"?

Es gibt mehrere Gründe, warum der langfristige Ansatz effektiv sein kann:

- **Historisches Wachstum:** Die Aktienmärkte haben im Laufe der Zeit tendenziell immer zugelegt
- Durch das Halten von Aktien über Jahre oder Jahrzehnte können Anleger von diesem Wachstum profitieren.
- **Geringere Gebühren:** Da weniger Handel betrieben wird, fallen weniger Transaktionsgebühren an. Dies kann die Gesamtkosten senken.

- **Steuerliche Vorteile:** In einigen Ländern können langfristige Kapitalgewinne niedriger besteuert werden.
- **Weniger Stress:** Der "Buy and Hold"-Ansatz reduziert den Stress, der mit häufigem Handel und der Verfolgung kurzfristiger Marktbewegungen einhergeht.

Langfristige Planung

Der Erfolg des "Buy and Hold"-Ansatzes erfordert eine langfristige Planung und Geduld. Hier sind einige Schritte, um diesen Ansatz erfolgreich umzusetzen:

- **Klare Ziele:** Definieren Sie Ihre langfristigen Anlageziele und halten Sie an ihnen fest.
- **Diversifikation:** Diversifizieren Sie Ihr Portfolio, um das Risiko zu minimieren.
- **Regelmäßige Überprüfung:** Obwohl Sie langfristig denken, ist es wichtig, Ihr Portfolio regelmäßig zu überprüfen und bei Bedarf anzupassen.
- **Dividendenaktien:** Bevorzugen Sie den Kauf von Dividendenaktien, um passives Einkommen zu generieren.

Der "Buy and Hold"-Ansatz ist nicht ohne Risiken, da auch langfristige Investitionen immer noch den Einfluss von Wirtschaftskrisen und Marktschwankungen erfahren. Unbedingt beachtet sollte hier auch die langfristige Entwicklung eines Marktes aufgrund politischer Entscheidungen werden. Beispielsweise könnte es aus diesen Überlegungen heraus heute sinnvoll sein, längerfristig nicht auf fossile Brennstoffe zu setzen, sondern Firmen aus dem Bereich alternative Energien wie Solar, Wind und Wasserstoff stärker zu gewichten.

Insgesamt haben viele Anleger von dieser Strategie profitiert, indem sie Geduld und langfristige Planung demonstrierten.

9. Dividendenaktien: Ein stabiler Hafen in stürmischen Zeiten

Dividendenaktien sind eine beliebte Anlageklasse, insbesondere in Zeiten wirtschaftlicher Unsicherheit. In diesem Kapitel werden wir uns näher mit Dividendenaktien befassen und erklären warum sie für Anleger ein stabiler Hafen in stürmischen Zeiten sein können.

Was sind Dividendenaktien?

Dividendenaktien sind Aktien von Unternehmen, die regelmäßig Dividenden an ihre Aktionäre ausschütten. Eine Dividende ist ein Teil des Gewinns eines Unternehmens, der an die Aktionäre zurückgegeben wird. Dividendenaktien bieten Anlegern die Möglichkeit, passives Einkommen zu generieren. Besonders interessant sind hier die sogenannten „Dividendenaristokraten", die bereits seit vielen Jahren (steigende) Dividenden ausschütten.

Warum Dividendenaktien?

Es gibt mehrere Gründe, warum Dividendenaktien in Zeiten wirtschaftlicher Krisen attraktiv sind:

- **Stabiles Einkommen:** Dividendenaktien bieten Anlegern eine regelmäßige Einkommensquelle, unabhängig von den Marktschwankungen.
- **Langfristiges Wachstum:** Viele Unternehmen erhöhen ihre Dividenden im Laufe der Zeit.

Dies kann dazu beitragen, Ihr Einkommen zu steigern und mit der Inflation Schritt zu halten.

- **Schutz vor Verlusten:** In unsicheren Zeiten können Dividendenaktien dazu beitragen, Verluste zu begrenzen, da die Dividendenzahlungen einen Teil der Rendite ausmachen.
- **Dividendenwachstum:** Unternehmen mit einer längeren Geschichte des Dividendenwachstums haben oft eine starke finanzielle Basis.

Auswahl von Dividendenaktien

Bei der Auswahl von Dividendenaktien ist es wichtig, auf einige Faktoren zu achten:

- **Dividendenrendite:** Dies ist das Verhältnis der Dividende zum Aktienkurs. Eine höhere Rendite bedeutet mehr Einkommen, kann aber auch auf höhere Risiken hinweisen.
- **Dividendenhistorie:** Untersuchen Sie die Geschichte der Dividendenzahlungen des Unternehmens. Unternehmen mit einer stabilen oder wachsenden Dividendenhistorie sind oft attraktive Kandidaten.
  Bei Unternehmen, die jedes Jahr Dividenden ausschütten, kann man – je nach Dividendenrendite und Haltedauer der Aktie – im Laufe der Zeit erhebliche Renditen allein aus der Dividende erzielen.

- **Finanzielle Stabilität:** Stellen Sie sicher, dass das Unternehmen über solide finanzielle Fundamente verfügt, um seine Dividendenausschüttungen fortzusetzen.
- **Branchen und Diversifizierung:** Diversifizieren Sie Ihr Portfolio, indem Sie Dividendenaktien aus verschiedenen Branchen und Sektoren auswählen.

Dividendenaktien können einen wichtigen Platz in Ihrem Portfolio einnehmen, insbesondere wenn Sie auf stabile Einkommensströme und langfristiges Wachstum setzen.

10. Recherchestrategien für erfolgreiche Aktieninvestitionen

Eine gründliche Recherche ist unerlässlich, wenn es darum geht, die richtigen Aktien für Ihr Portfolio auszuwählen. In diesem Kapitel werden wir verschiedene Recherchestrategien für erfolgreiche Aktieninvestitionen erörtern.

Fundamentalanalyse vertiefen

Die Fundamentalanalyse ist ein Schlüsselwerkzeug für die Auswahl von Aktien. Hier sind einige Aspekte, die Sie vertieft analysieren können:

- **Bilanz:** Genaue Prüfung der Vermögenswerte, Schulden und Eigenkapital des Unternehmens.
- **Geschäftsberichte:** Eine umfassende Analyse der Geschäftsberichte, um die Unternehmensstrategie und die finanzielle Leistung besser zu verstehen.
- **Wettbewerb und Branchenanalyse:** Untersuchung des Wettbewerbsumfelds und der Branchendynamik, um zu sehen, wie sich das Unternehmen positioniert.

Technische Analyse anwenden

Die technische Analyse kann dazu beitragen, Ein- und Ausstiegspunkte zu identifizieren. Hier sind einige wichtige Elemente:

- **Chartanalyse:** Die Untersuchung von Preisdiagrammen und -mustern zur Identifizierung von Handelsmöglichkeiten.
- **Indikatoren:** Die Verwendung von technischen Indikatoren wie gleitenden Durchschnitten oder dem Relative Strength Index (RSI) zur Bewertung der Marktdynamik.

Qualitative Analyse

Neben der quantitativen Analyse ist die qualitative Analyse wichtig, um ein vollständiges Bild des Unternehmens zu erhalten. Dies beinhaltet:

- **Unternehmensführung:** Untersuchung des Managements und seiner Erfahrung.
- **Zukünftige Aussichten:** Bewertung der Wachstumsaussichten und der Wettbewerbsfähigkeit des Unternehmens.
- **Risikofaktoren:** Identifizierung möglicher Risiken, die das Unternehmen beeinflussen könnten.

Aktuelle Nachrichten und Ereignisse

Bleiben Sie auf dem Laufenden über aktuelle Nachrichten und Ereignisse, die das Unternehmen und die Branche betreffen. Wichtige Ankündigungen, Produktveröffentlichungen oder geopolitische Entwicklungen können den Aktienkurs beeinflussen.

Finanznachrichten und Analysen

Verfolgen Sie Finanznachrichten und lesen Sie die Analysen von Experten und Marktkommentatoren. Diese Informationen können wertvolle Einblicke liefern und neue Perspektiven eröffnen. Beachten Sie dabei aber, dass manche Nachrichten bewusst „geschönt" werden, weil damit bestimmte Ziele verfolgt werden.

Eine gründliche Recherche ist unerlässlich, um gut informierte Anlageentscheidungen zu treffen. Kombinieren Sie quantitative und qualitative Analyse, technische und fundamentale Ansätze sowie aktuelle Informationen, um ein vollständiges Bild des Unternehmens und seiner Aktien zu erhalten.

11. Aktien kaufen und verkaufen: Die Umsetzung Ihrer Strategie

Nachdem Sie Ihre Recherchen abgeschlossen haben und eine Strategie entwickelt haben, ist es an der Zeit, Aktien zu kaufen und zu verkaufen. In diesem Kapitel werden wir die praktischen Aspekte des Aktienhandels erörtern und wie Sie Ihre Strategie effektiv umsetzen können.

Auswahl des richtigen Brokers

Bevor Sie mit dem Handel beginnen, müssen Sie einen geeigneten Broker auswählen. Hier sind einige Faktoren, die Sie berücksichtigen sollten:

- **Gebühren:** Untersuchen Sie die Handelsgebühren, Provisionen und andere Kosten, die von verschiedenen Brokern erhoben werden.
- **Handelsplattform:** Stellen Sie sicher, dass die Handelsplattform des Brokers benutzerfreundlich ist und Ihren Anforderungen entspricht.
- **Recherche-Tools:** Achten Sie auf Recherche- und Analysetools, die der Broker anbietet, um Ihre Entscheidungen zu unterstützen.
- **Sicherheit:** Überprüfen Sie die Sicherheitsmaßnahmen des Brokers, insbesondere in Bezug auf den Schutz Ihrer persönlichen und finanziellen Daten.
- **Empfehlung des Autors:** Ein sehr günstiger (und einer der weltweit größten) Broker ist

Interactive Brokers in den USA. In Deutschland arbeite ich persönlich mit der ING oder auch mit Onvista.

Kauf und Verkauf von Aktien

Sobald Sie einen Broker ausgewählt haben, können Sie mit dem Kauf und Verkauf von Aktien beginnen. Hier sind die grundlegenden Schritte:

Kauf von Aktien

1. **Anmeldung:** Melden Sie sich in Ihrem Brokerkonto an.
2. **Suche nach Aktien:** Verwenden Sie die Suchfunktion, um die gewünschte Aktie zu finden.
3. **Auswahl der Stückzahl:** Legen Sie fest, wie viele Aktien Sie kaufen möchten.
4. **Platzierung der Order:** Wählen Sie den Auftragstyp (z. B. Market Order oder Limit Order) und platzieren Sie die Bestellung.
5. **Bestätigung:** Überprüfen Sie Ihre Bestellung und bestätigen Sie den Kauf.
6. **Stopp-Loss-Order:** Gerade in volatilen Märkten oder in Krisenzeiten kann es sinnvoll sein, direkt nach dem Kauf eine Stopp-Loss-Order zu platzieren, um eventuelle Verluste zu begrenzen. Falls möglich, verwenden Sie eine dynamische Order, da hier der Abstand zum Verkaufspreis parallel zum Aktienkurs nachgezogen wird (bei steigenden Kursen) und Sie daher bei wieder fallenden Kursen nicht erst beim ursprünglich eingegeben Wert verkaufen.

Verkauf von Aktien

1. **Anmeldung:** Melden Sie sich in Ihrem Brokerkonto an.
2. **Suche nach Aktien:** Finden Sie die Aktie, die Sie verkaufen möchten.
3. **Auswahl der Stückzahl:** Geben Sie die Anzahl der zu verkaufenden Aktien ein.
4. **Platzierung der Order:** Wählen Sie den Auftragstyp und platzieren Sie die Bestellung.
5. **Bestätigung:** Überprüfen Sie Ihre Bestellung und bestätigen Sie den Verkauf.

Portfolio-Überwachung

Nachdem Sie Aktien gekauft haben, ist es wichtig, Ihr Portfolio regelmäßig zu überwachen. Prüfen Sie, wie sich Ihre Investitionen entwickeln, und passen Sie Ihre Strategie an, wenn nötig. Seien Sie geduldig und behalten Sie Ihre langfristigen Ziele im Auge.

Steuern und rechtliche Aspekte

Denken Sie an steuerliche Konsequenzen und rechtliche Aspekte beim Kauf und Verkauf von Aktien. In den meisten Ländern sind Kapitalgewinne steuerpflichtig (auch in Deutschland mit z.Zt. 25% Kapitalertragssteuer). Informieren Sie sich über die Gesetze und Vorschriften in Ihrem Land.

Die Umsetzung Ihrer Aktienhandelsstrategie erfordert Sorgfalt und Aufmerksamkeit. Wählen Sie einen vertrauenswürdigen Broker, folgen Sie den Best Practices beim Kauf und Verkauf von Aktien und überwachen Sie Ihr Portfolio sorgfältig.

12. Aktien und Steuern: Die finanzielle Seite des Aktienhandels

Beim Handel mit Aktien ist es wichtig, die steuerlichen Auswirkungen Ihrer Transaktionen zu verstehen und in Ihre Anlagestrategie einzubeziehen. In diesem Kapitel werden wir uns mit den steuerlichen Aspekten des Aktienhandels und den besten Praktiken bei der Steuerplanung befassen.

Kapitalertragsteuer In den meisten Ländern unterliegen Gewinne aus dem Handel mit Aktien der Kapitalertragsteuer. Diese Steuer wird auf den erzielten Gewinn erhoben und kann je nach Land und Einkommensklasse unterschiedlich hoch sein. Es ist wichtig, die Kapitalertragsteuersätze in Ihrem Land zu kennen und sicherzustellen, dass Sie Ihre Gewinne ordnungsgemäß deklarieren. In Deutschland beträgt der Kapitalertragssteuersatz z.Zt. 25%.
Beim Aktienhandel über deutsche Banken oder Broker werden Gewinne und Dividenden bereits von der Bank einbehalten und ans Finanzamt abgeführt.

Sollten Sie ein größeres Aktiendepot haben (mind. 80.000 EUR), lohnt es sich auf jeden Fall, über die Gründung entsprechender Firmen nachzudenken. Eine vermögensverwaltende GmbH z.B. wird in Deutschland bei den Gewinnen auf Aktien und bei Dividenden bevorzugt behandelt und zahlt nur ca.1,5% Steuern. Allerdings können Verluste aus Aktiengeschäften bei der GmbH auch nicht steuerlich verrechnet werden.

Nähere Infos zur Gründung einer vermögensverwaltenden GmbH erhalten Sie bei Ride Capital unter https://www.ride.capital/
Wenn Sie über Ride eine vermögenverwaltende GmbH gründen möchten, teilen Sie dort meinen Referralcode „JOACHI35302" mit. Ihnen wird dann bei der Bestellung ein kleiner Bonus abgezogen und Ihre Rechnung wird etwas günstiger.

Haltefristen

Einige Länder bieten steuerliche Anreize für langfristige Anleger. Dies bedeutet, dass Gewinne aus dem Verkauf von Aktien, die länger als eine bestimmte Zeit gehalten wurden, zu einem niedrigeren Steuersatz besteuert werden. Überprüfen Sie die geltenden Haltefristen in Ihrem Land und planen Sie Ihre Investitionen entsprechend. (Ist seit 2010 in Deutschland nicht mehr aktuell, bis 2009 war die Haltefrist 1 Jahr, danach waren Aktiengewinne steuerfrei).

Steuerverluste geltend machen

Verluste aus Aktienhandelsgeschäften können oft mit Gewinnen verrechnet werden, um die Steuerlast zu reduzieren. Wenn Sie Verluste erleiden, sollten Sie prüfen, ob Sie diese Verluste in Ihrer Steuererklärung geltend machen können. Dies kann Ihre Steuerschuld verringern.

Steuerberater konsultieren

In komplexen Fällen, insbesondere wenn Sie ein aktiver Trader sind oder international handeln, kann es sinnvoll sein, einen Steuerberater zu konsultieren. Ein professioneller Steuerberater kann Ihnen helfen, die besten Steuerstrategien für Ihre individuelle Situation zu entwickeln.

Langfristige Steuerplanung

Die Steuerplanung sollte Teil Ihrer langfristigen Anlagestrategie sein. Denken Sie darüber nach, wie Sie Ihre Anlagen so strukturieren können, dass Sie Ihre Steuerbelastung minimieren und Ihre Rendite maximieren.

Legalität und Ethik

Achten Sie darauf, Ihre steuerlichen Verpflichtungen zu erfüllen und ethisch zu handeln. Steuervermeidung und Steuerhinterziehung sind rechtlich nicht akzeptabel und können zu schweren rechtlichen Konsequenzen führen.

Die steuerlichen Aspekte des Aktienhandels erfordern Sorgfalt und Planung. Informieren Sie sich über die geltenden Steuergesetze in Ihrem Land und planen Sie Ihre Aktieninvestitionen unter Berücksichtigung der steuerlichen Auswirkungen.

13. Der Umgang mit Aktien während wirtschaftlicher Krisen

Wirtschaftliche Krisen sind unvermeidlich und können erhebliche Auswirkungen auf die Aktienmärkte haben. In diesem Kapitel werden wir erörtern, wie Sie mit Aktieninvestitionen in Zeiten wirtschaftlicher Unsicherheit umgehen können.

Ruhe bewahren

Eines der wichtigsten Dinge, die Sie in Zeiten wirtschaftlicher Krisen tun können, ist, Ruhe zu bewahren. Panikverkäufe und überstürzte Entscheidungen können zu Verlusten führen. Denken Sie daran, dass die Aktienmärkte langfristig dazu tendieren, sich zu erholen.

Diversifikation

Die Diversifikation Ihres Portfolios ist in Krisenzeiten von entscheidender Bedeutung. Streuen Sie Ihre Investitionen über verschiedene Branchen und Anlageklassen, um das Risiko zu minimieren. Wenn eine Branche von der Krise besonders betroffen ist, können andere Bereiche Ihres Portfolios dies ausgleichen.

Finanzielle Notfall-Reserven

Es ist ratsam, eine Notfall-Reserve zu haben, die ausreichend Mittel für unerwartete Ausgaben bereitstellt. Dies kann verhindern, dass Sie gezwungen sind, Aktien in einem ungünstigen Marktumfeld zu verkaufen, um finanzielle Engpässe zu überbrücken.

Langfristiges Denken

Behalten Sie Ihre langfristigen Anlageziele im Auge. Die meisten Krisen sind zeitlich begrenzt, und eine langfristige Perspektive kann Ihnen helfen, kurzfristige Schwankungen zu überstehen.

Chancen erkennen

Während Krisen gibt es oft Gelegenheiten zum Kauf von Aktien zu reduzierten Preisen. Wenn Sie über ausreichende Mittel verfügen und Unternehmen mit starken Fundamentaldaten identifizieren können, können Sie von diesen Chancen profitieren.

Recherche und Analyse

Eine gründliche Recherche und Analyse sind in Krisenzeiten besonders wichtig. Informieren Sie sich über die Unternehmen, in die Sie investieren möchten, und überwachen Sie die aktuellen Entwicklungen in der Wirtschaft und den Märkten.

Der Umgang mit Aktien während wirtschaftlicher Krisen erfordert Vorsicht und Planung. Bleiben Sie ruhig, halten Sie an Ihrer Diversifikationsstrategie fest, nutzen Sie Chancen und behalten Sie Ihre langfristigen Ziele im Auge.

14. Aktien und persönliche Finanzplanung

Die Integration von Aktieninvestitionen in Ihre persönliche Finanzplanung ist entscheidend, um langfristige finanzielle Ziele zu erreichen. In diesem Kapitel werden wir erläutern, wie Sie Aktien in Ihre gesamte finanzielle Strategie einbeziehen können.

Anlageziele definieren

Beginnen Sie mit der Festlegung Ihrer Anlageziele. Möchten Sie für den Ruhestand sparen, ein Haus kaufen, Ihre Kinder durch die Universität schicken oder einfach langfristigen Wohlstand aufbauen? Je nach Ihren Zielen kann sich Ihre Anlagestrategie erheblich unterscheiden.

Risikobereitschaft bestimmen

Ermitteln Sie Ihre Risikobereitschaft. Jeder Anleger hat eine unterschiedliche Toleranz für Risiken. Überlegen Sie, wie viel Volatilität und Unsicherheit Sie in Ihrer Anlagestrategie akzeptieren können.

Budget erstellen

Erstellen Sie ein Budget, das Ihre Einnahmen, Ausgaben und Sparziele berücksichtigt. Dies hilft Ihnen, die finanziellen Mittel für Ihre Aktieninvestitionen zu planen und sicherzustellen, dass Sie genügend Kapital für langfristige Ziele haben.

Notfall-Reserve

Bevor Sie stark in Aktien investieren, stellen Sie sicher, dass Sie eine ausreichenden Notfall-Reserve haben. Diese Reserve sollte liquide Mittel enthalten, die für unerwartete Ausgaben verwendet werden können, ohne Ihre langfristigen Investitionen zu gefährden. Ohne eine solche Reserve kann es passieren, dass Sie Aktien mit Verlust verkaufen müssen, um an Bargeld zu kommen.

Asset Allocation

Die Aufteilung Ihres Portfolios auf verschiedene Anlageklassen, einschließlich Aktien, ist entscheidend. Die richtige Asset Allocation hängt von Ihren Anlagezielen und Ihrer Risikobereitschaft ab.

Langfristiges Denken

Denken Sie langfristig. Die Märkte werden immer Schwankungen unterliegen, aber langfristige Investoren haben historisch gesehen immer von steigenden Aktienmärkten profitiert. Halten Sie an Ihrer Strategie fest, auch wenn es kurzfristige Herausforderungen gibt.

Regelmäßige Überprüfung

Überprüfen Sie Ihr Portfolio regelmäßig, um sicherzustellen, dass es Ihren Zielen und Ihrer Risikotoleranz entspricht. Passen Sie Ihre Strategie bei Bedarf an.

Steuerplanung

Berücksichtigen Sie die steuerlichen Auswirkungen
Ihrer Aktieninvestitionen und planen Sie, wie Sie Ihre
Steuerbelastung minimieren können.

Die Integration von Aktieninvestitionen in Ihre
persönliche Finanzplanung erfordert sorgfältige
Überlegung und Planung. Indem Sie klare Anlageziele
definieren, Ihre Risikobereitschaft bestimmen und eine
langfristige Perspektive beibehalten, können Sie
langfristigen finanziellen Erfolg erreichen..

15. Die Bedeutung der Fortbildung in der Welt der Aktien

Die Welt des Aktienhandels ist komplex und dynamisch. In diesem letzten Kapitel werden wir die Bedeutung der Bildung und des lebenslangen Lernens für erfolgreiche Aktieninvestitionen beleuchten.

Grundlagen des Aktienhandels

Beginnen Sie mit den Grundlagen. Verstehen Sie, was Aktien sind, wie die Märkte funktionieren und welche Begriffe und Konzepte im Aktienhandel wichtig sind. Es gibt viele Online-Ressourcen und Bücher, die Ihnen dabei helfen können.

Fortgeschrittene Analyse

Vertiefen Sie Ihr Verständnis, indem Sie fortgeschrittene Analysemethoden wie Fundamentalanalyse und technische Analyse erlernen. Diese Werkzeuge ermöglichen es Ihnen, bessere Anlageentscheidungen zu treffen.

Aktuelle Entwicklungen

Die Finanzmärkte entwickeln sich ständig weiter. Halten Sie sich über aktuelle Entwicklungen und Trends in der Welt der Aktien auf dem Laufenden. Finanznachrichten, Fachzeitschriften und Finanzblogs können wertvolle Einblicke liefern.

Schulungen und Seminare

In vielen Städten werden Schulungen und Seminare zum Thema Aktienhandel angeboten. Diese Veranstaltungen bieten die Möglichkeit, von erfahrenen Experten zu lernen und sich mit anderen Anlegern auszutauschen.
Die für mich beste Schulung (wenn auch nicht gerade billig) ist die Investment-Akademie von Philipp J. Müller.
Wenn Sie die InvestmentAkademie interessiert, nutzt den Link für eine erste (kostenlose) Information:
https://www.pjmueller.de/workshop

Wenn Sie dann die Ausbildung buchen, muss bei dem Feld „Wie bist Du auf uns aufmerksam geworden?" „Joachim Müller / food & future" eingetragen werden. Die Empfehlerprovision gebe ich dann mit 30% an Sie zurück, damit wird der Kurs ein bisschen günstiger.

Virtuelles Trading

Nutzen Sie virtuelle Handelsplattformen, um Ihre Fähigkeiten zu verbessern, ohne echtes Geld zu riskieren. Dies ist eine großartige Möglichkeit, Strategien zu testen und sich mit dem Handel vertraut zu machen.
Interactive Brokers bietet z.B. ein Paper-Trading an, bei dem Sie mit „Spielgeld" den Aktienhandel (und Optionenhandel) üben können.

Finanzberater konsultieren

Wenn Sie sich unsicher fühlen oder größere finanzielle Entscheidungen treffen müssen, kann die Konsultation eines Finanzberaters hilfreich sein. Ein erfahrener Berater kann maßgeschneiderte Empfehlungen für Ihre individuelle Situation abgeben. Bitte beachten Sie aber darauf, ob der Berater möglicherweise eigene Ziele verfolgt oder ein Produkt seiner Organisation (Bank, Sparkasse...) verkaufen will.

Geduld und Ausdauer

Der Aktienmarkt kann anspruchsvoll sein, aber Geduld und Ausdauer sind entscheidend. Verstehen Sie, dass Verluste Teil des Spiels sein können, aber langfristig haben Aktien fast immer eine positive Rendite erzielt.

Lernen von Erfahrungen

Schließlich lernen Sie auch aus Ihren eigenen Erfahrungen. Reflektieren Sie Ihre Erfolge und Misserfolge und nutzen Sie sie als Lernmöglichkeiten. Eine gute Möglichkeit hierzu ist das Führen eines Tradejournals, in das die Käufe und Verkäufe eingetragen werden und auch Learnings notiert werden können.

Die Bildung und das lebenslange Lernen sind Schlüsselkomponenten für den Erfolg im Aktienhandel. Investieren Sie Zeit und Mühe in Ihre Weiterbildung und bleiben Sie stets neugierig und aufgeschlossen für neue Entwicklungen. Mit diesen Kenntnissen können Sie Ihre Aktieninvestitionen optimieren und langfristig erfolgreich sein.

Abschließend

hoffe ich, dass dieses Buch über Aktieninvestitionen Ihnen wertvolle Einblicke und Informationen vermittelt hat, die Ihnen auf Ihrem Weg als Investor nützlich sein werden. Der Aktienmarkt ist ein faszinierender Ort, an dem Sie Ihr Vermögen aufbauen und langfristig von den Chancen und Herausforderungen der Finanzwelt profitieren können.

Denken Sie daran, dass der Aktienhandel kein einfacher Weg zum Reichtum ist, sondern eine langfristige und gut durchdachte Strategie erfordert. Bildung, Forschung, Geduld und Disziplin sind Schlüsselkomponenten, um erfolgreich an den Märkten zu agieren. Behalten Sie Ihre Ziele im Auge, diversifizieren Sie Ihr Portfolio und passen Sie sich den Veränderungen in der Finanzwelt an.

Ich hoffe, dass Sie in diesem Buch Antworten auf Ihre Fragen gefunden haben und dass es Sie dazu inspiriert hat, weiter in die Welt der Aktieninvestitionen einzutauchen. Denken Sie daran, dass der Weg zum Erfolg als Investor ein kontinuierlicher Lernprozess ist, und bleiben Sie stets neugierig und offen für neue Entwicklungen.
Der Weg zum Erfolg an der Börse ist nicht geradlinig und Sie werden sicherlich auf Höhen und Tiefen stoßen. Die Fähigkeit, aus Ihren Erfahrungen zu lernen und sich kontinuierlich weiterzubilden, ist der Schlüssel zu einer erfolgreichen Aktieninvestition.
Egal, ob Sie ein erfahrener Anleger oder ein Einsteiger in die Welt der Aktien sind, die Investition in Ihr eigenes Wissen und Ihre Bildung ist immer von Vorteil.

Ich wünsche Ihnen viel Erfolg auf Ihrem Weg zu finanzieller Stabilität und Wohlstand durch Aktieninvestitionen. Gute Investitionen und eine erfolgreiche Zukunft!

16. Über den Autor Joachim Müller

Kurz ein Wort zu mir und warum ich mich mit dem Thema Geldanlage für Einsteiger und Fortgeschrittene beschäftige:

Ich betreibe Aktientrading seit mehr als 40 Jahren (und seit 2019 auch Optionentrading). Und ich will nicht behaupten, dass ich der allwissende Kenner bin und hier alles weiß, was in sämtlichen Büchern zum Thema Geldanlage steht.
Klar ist auch: In diesen mehr als 40 Jahren habe ich auch etliche Male richtig `auf die Ohren bekommen´ und z.T. mehr als ein kleines Vermögen verloren. Diese Verluste entstanden meist dann, wenn ich mich nicht an einfache Regeln gehalten habe, irgendwelchen Tipps gefolgt bin oder einfach zu gierig war.

Ich möchte Ihnen mit diesem eBook helfen, die typischen Fehler zu vermeiden, die die meisten Menschen bei der Geldanlage machen (Anfänger und Profis).
Und glauben Sie mir: Die meisten Leute, die Ihnen den heißen Aktientrade vorschlagen oder andere todsichere Tipps geben, haben einen Vorteil davon oder möchten nur ihre eigenen Produkte verkaufen. Deshalb fragen Sie doch einfach den Tippgeber einmal, ob er selbst bereits Millionär ist und Ihnen belegen kann, dass er mit seinen Tipps selbst Geld verdient.

Bei Interesse an Aktieninvestitionen und anderen Möglichkeiten, Geld zu verdienen, zu sparen und es nicht wieder zu verlieren, schauen Sie doch auch einmal auf meiner Seite https://geld-verdienen-und-sparen.de/ vorbei.

Liebe Grüße, Joachim Müller

17. Anhang: Aktienkennzahlen, Empfehlung Software und Vorgehen zur Ermittlung wichtiger Fundamentaldaten

17.1 Aktienkennzahlen

Chancenreiche Unternehmen haben entweder Produkte oder Angebote, die voll im Trend liegen und Zukunftschancen betreffen (meist sogenannte Growth-Werte, hier wird die Zukunftserwartung gehandelt) oder gute Kennzahlen, die für die Qualität und Solidität einer Aktie sprechen (hier spricht man dann von den Value-Aktien).

Beides in einem Wert ist rel. selten, kann aber vorkommen. Z.B. haben einige Tech-Aktien wie Alphabet, Intel, Meta usw. durchaus auch gute Kennzahlen und sind daher keine rein spekulativen Werte mehr.

Um langfristig gute Aktien zu selektieren, bieten sich ein paar Aktienkennzahlen an:

- Kurs-Gewinn-Verhältnis (KGV)
- Kurs-Umsatz-Verhältnis (KUV)
- Kurs-Cashflow-Verhältnis (KCV)
- Kurs-Buchwert-Verhältnis (KBV)
- Dividendenrendite
- Earnings
- Nettogewinn im Verhältnis zum Gesamtumsatz
- Verhältnis Eigenkapital zu den Verbindlichkeiten

- Bruttomarge, Nettomarge, Gesamtrentabilität
- Kapitalumschlag(sverhältnis)

Kurs-Gewinn-Verhältnis

Das KGV ist die wahrscheinlich am meisten benutzte Kennzahl, um eine Aktie zu bewerten.
Sie setzt den Kurs der Aktie ins Verhältnis zum erwarteten Gewinn pro Aktie, zeigt also an, mit welchem Vielfachen des Jahresgewinns ein Unternehmen bewertet wird bzw. wie viele Jahre ein Unternehmen bräuchte, um mit seinem Gewinn das Unternehmen komplett aufzukaufen.
Dabei sagt eine Faustregel, dass eine Aktie mit einem KGV unter 10 preisgünstig ist, bei einem KGV über 30 ist die Aktie teuer.

Ein Beispiel: Die XY AG hat im laufenden Jahr einen Gewinn pro Aktie in Höhe von 1 Euro erzielt. Aktuell kostet die Aktie 15 Euro. Also „enthält" der Kurs den 15fachen erwarteten Gewinn. Die Aktie weist daher ein KGV von 15 auf.

Allerdings muss man beim KGV beachten, dass es durch Bilanzierungstricks in die gewünschte Richtung gedrückt werden kann und dass Entwicklungen in der Vergangenheit nicht einfach in die Zukunft fortgeschrieben werden können. Das KGV ist natürlich abhängig vom konjunkturellen Umfeld, von Wettbewerbsveränderungen, Zinsentwicklungen und anderen Faktoren.

KGV bitte also nur als ersten einfachen Richtwert betrachten und immer nur im Zusammenhang mit den anderen Kennzahlen.

Kurs-Umsatz-Verhältnis

Das KUV kann unabhängig vom Gewinn ermittelt werden.

Es gibt zwei Möglichkeiten, das KUV zu ermitteln, nämlich Marktkapitalisierung des Unternehmens zu Gesamtumsatz oder Aktienkurs im Verhältnis zu Umsatz je Aktie.

Das ist z.B. bei jungen Aktien wichtig, da diese meist noch keine Gewinne erwirtschaften.
Je kleiner das Kurs-Umsatz-Verhältnis ist, desto preiswerter ist die Aktie. Bei Unternehmen, die sich nicht mehr in der Anfangs-Wachstumsphase befinden, ist ein KUV unter 1 günstig.

Eine interessante Vergleichszahl zwischen Unternehmen stellt das KUV auch bei stark zyklischen Werten dar, die z.B. in einem Jahr hohe Gewinne verzeichnen, im nächsten Jahr vielleicht Verluste schreiben. Sobald sich der Umsatz in einer normalen Schwankungsbreite bewegt, erhält man damit einen guten Vergleichswert.

Kurs-Cashflow-Verhältnis

Das KCV liefert ein objektiveres Bild von der Finanzkraft eines Unternehmens und lässt sich nicht so leicht „frisieren" wie das KGV.
Berechnet wird das KCV als Verhältnis von Aktienkurs zu Cashflow pro Aktie. Der Cashflow ist der Nettozugang von flüssigen Mittel während eines Zeitraums (z.B. dem Geschäftsjahr oder dem Kalenderjahr). Allerdings kann der Cashflow aufgrund der Stichtagsbewertung stärkere Schwankungen aufweisen als der Gewinn – hier sollte also unbedingt die Entwicklung im Mehrjahreszeitraum betrachtet werden.

Auch hier gilt: Je niedriger der Wert ist, desto besser. Aufpassen muss man, wenn KGV und KCV weit auseinander liegen oder sich innerhalb eines Zeitraumes oder im Mehrjahresvergleich unterschiedlich entwickeln.

Kurs-Buchwert-Verhältnis

Den Buchwert eines Unternehmens kann man in etwa gleichsetzen mit dem Eigenkapital, er kennzeichnet den inneren Wert oder Substanzwert eines Unternehmens.
Die Berechnung erfolgt als Verhältnis von Marktkapitalisierung des Unternehmens zum Gesamt-Buchwert oder als Verhältnis Aktienkurs zu Buchwert pro Aktie.

Unternehmen mit einem KBV unter 1 sind als günstig (unterbewertet) anzusehen, vor allem, wenn das Unternehmen Gewinne ausweist und das generelle Umfeld positiv ist.
Aufpassen sollte man, wenn das KBV zwar unter 1 liegt, das Unternehmen aber Verluste ausweist. Dann wird Eigenkapital vernichtet.

Sollte ein Unternehmen liquidiert werden, zeigt der Buchwert je Aktie den Geldwert an, der den Aktionären nach dem Verkauf aller Vermögenswerte und der Begleichung aller Schulden verbleibt.

Dividendenrendite

Berechnung: Dividende durch Aktienkurs x 100
Je höher der Wert hier ist, desto höher wird im Allgemeinen auch die Durchschnittsrendite, die ein Aktionär mit der Aktie erzielen kann.

in diesem Zusammenhang wird oft auch die Ausschüttungsquote ermittelt, die im Normalfall zwischen 30-60% liegen sollte. Die Ausschüttungsquote ist der Wert, der an die Aktionäre vom Nettogewinn ausgeschüttet wird (Der Rest wird für Expansion und die Geschäftsentwicklung verwendet).

Eine hohe Dividendenrendite oder Ausschüttungsquote muss nicht unbedingt positiv sein, sondern die Rendite sollte in einem gesunden Verhältnis zum Gewinn stehen. Ist die Dividende höher als der Gewinn, geht das Unternehmen aus irgendwelchen Gründen ans „Eingemachte", z.B. um Dividendenjäger anzuziehen.

Beachten sollte man auch, dass die Dividende zu einem bestimmten Tag festgelegt wird. Um die Dividendenrendite dann richtig berechnen zu können, muss der Aktienkurs zu diesem Tag ermittelt werden. Das kann gerade bei US-Aktien, die meist 4 mal / Jahr ausschütten, ein bisschen aufwändig sein.

Earnings

Als Earnings bezeichnet man die Gewinnmeldungen der Unternehmen. Der Gewinn pro Aktie (EPS = Earnings per share) ist ein Indikator für die Rentabilität des Unternehmens. In dem von mir verwendeten Programm tradingview kann man das Datum, das geschätzte EPS und das berichtete EPS für jedes verfügbare Unternehmen einsehen.

Berechnet wird der Gewinn pro Aktie, indem man den Konzernjahresüberschuss des Unternehmens (im untersuchten Zeitraum) durch die ausstehende Anzahl von Aktien dividiert (Vereinfacht, ohne Berücksichtigung der Besonderheiten wie unterschiedliche Aktiengattungen und Verwässerung durch Optionsanrechte usw.)

US-Unternehmen geben meist pro Quartal Earnings-Meldungen heraus. Zu diesem Termin kann es dann zu größeren Schwankungen im Kurs kommen, je nachdem, ob die gemeldeten Earnings die Schätzungen der Analysten übertreffen oder unterschreiten.
Daher ist es ratsam, am Zeitpunkt der Earningbekanntgabe die Aktie nicht zu handeln.

Nettogewinn im Verhältnis zum Gesamtumsatz

Gerade in unsicheren Zeiten sollte man sich Aktien suchen, die im Verhältnis zum Umsatz einen hohen Nettogewinn ausweisen.
So gibt es durchaus Aktien, die einen Nettogewinn von 25 und mehr Prozent im Verhältnis zum Umsatz ausweisen. Darunter befinden sich (im Herbst 2022) auch viele bekannte Namen wie Alphabet, Visa, Mastercard, Intel, Microsoft, NVIDIA, aber auch viele Rohstoffwerte.

Angezeigt wird dieser Wert in aller Regel nicht auf einen Blick, aber man kann ihn sich selbst schnell ermitteln, indem man den Gesamtumsatz durch den Nettogewinn dividiert (alles, was unter 4 liegt, hat mehr als 25% im Verhältnis).

Obwohl das einer meiner „Lieblingskennzahlen" ist, bitte auch hier im Zusammenhang mit den anderen Zahlen betrachten und beachten, dass der Gewinn manipuliert werden kann (siehe auch KGV)

Verhältnis Eigenkapital zu den Verbindlichkeiten

Wenn die Zinsen hoch sind, ist auch die Zahllast hoch, die ein Unternehmen mit hoher Verbindlichkeit zahlen muss. Also bei steigender Inflation besonders auch auf diesen Wert schauen, denn er gibt eine Aussage darüber, wie gesund ein Unternehmen ist oder ob es sich Kapital am Markt beschaffen muss.

Bei dieser Zahl gilt: Je höher das Eigenkapital im Verhältnis zu den Verbindlichkeiten ist, desto besser. 40 oder mehr Prozent Eigenkapital ist da schon ein sehr guter Wert.

Bruttomarge, Nettomarge, Gesamtrentabilität

Diese Werte geben eine Aussage darüber, wie rentabel das Unternehmen wirtschaftet. Dabei ist besonders die Nettomarge und die Gesamtrentabilität interessant, denn hier sieht man die Rentabilität unter Berücksichtigung der Verschuldung bzw. anderer Verbindlichkeiten.

Hier gilt ganz einfach: Je höher, desto besser

Kapitalumschlag(sverhältnis)

Das ist ein Wert, der den Umsatz im Verhältnis zur Bilanzsumme setzt. Je höher dieser Wert ist, desto besser ist es und desto besser wirtschaftet das Unternehmen.

Der Kapitalumschlag ist eine Kennzahl, die das Verhältnis von Umsatz zum Gesamtkapital berechnet. Man sieht an diesem Wert, wie oft das eingesetzte Kapital in einer Periode über die Umsatzerlöse zurückgeflossen ist.

Ein einfaches Beispiel: Ein Kapitalumschlag von 5 bedeutet, dass ein Unternehmen für jeden eingesetzten Euro einen Umsatz von 5 € macht.

Unternehmen mit einem hohen Kapitalumschlag haben eine bessere Kapitalrendite (ROI). Diese gibt Auskunft über den Erfolg des im Unternehmen gebundenen Kapitals.

17.2 Empfehlung Softwareprogramm

Um die Qualität einer Aktie beurteilen zu können, muss man natürlich die richtigen Zahlen haben. Dabei gibt es einige wenige Daten, die man kostenlos ermitteln kann und die einen grundlegenden Eindruck vom Potential der Aktie vermitteln.

Um an die Zahlen zu kommen, laden Sie sich das Programm Tradingview.com herunter. Es gibt hier eine kostenlose Version, die für die erste Beurteilung völlig ausreicht, wenn Sie tiefer einsteigen möchten, legen Sie sich das Essential-Programm zu (ca.160 $ pro Jahr)

Wenn Sie das Produkt installiert haben, können Sie rechts in der Spalte über das + Zeichen die Aktien eintragen, die Sie interessieren und die Sie beobachten wollen

Dann verwenden Sie **oben in der Kopfzeile unter "Produkte" die Einstellung "Supercharts"** und bekommen dann die Charts der einzelnen Aktien angezeigt, die Sie rechts auswählen.

Natürlich gibt es auch andere gute Programme, ich arbeite aber selbst mit Tradingview (in der Version der Investmentakademie).

Da das Programm öfter mal kleine Updates und Ergänzungen erfährt, können sich die einzelnen Darstellungen ändern. Prinzipiell ist hier aber alles enthalten, was man zu einzelnen Werten wissen muss.

Die folgenden Screenshots sind daher beispielhaft mit Daten von Alphabet (Google) erstellt und beinhalten auch nicht die aktuellen Werte. Es geht hier nur um die generelle Ermittlung der Zahlen.

Falls Sie bei der Einrichtung oder auch nachher bei der Beobachtung und Bewertung Probleme haben, melden Sie sich bei mir unter mail@der-onlinemueller.de

17.3 Vorgehen zur Ermittlung wichtiger Fundamentaldaten

Qualität einer Aktie anhand der Fundamentaldaten beurteilen – Schritt für Schritt-Anleitung

Die folgenden Screenshots beziehen sich auf das Programm Tradingview.com.

Wenn Sie das Programm heruntergeladen haben, müssen Sie in der rechten Spalte oben die Aktie eintragen, die Sie interessiert. Einfach auf + klicken und im Feld „Symbol hinzufügen" den Aktiennamen eingeben.

Die entsprechende Aktie anklicken, sie ist dann rechts im Feld enthalten.

Groß auf der Seite sehen Sie die Kursentwicklung in Form von roten und grünen Balken (Kerzen) und als Chart.

Unten in der rechten Spalte finden Sie die ersten Daten zur jeweiligen Aktie:
Schlüssel-Statistiken, Dividenden, Performance, technische Analyse, Analysten-Rating und Profil.
Unter den jeweiligen Daten gibt es oft einen Link, der weitere Zahlen öffnet.

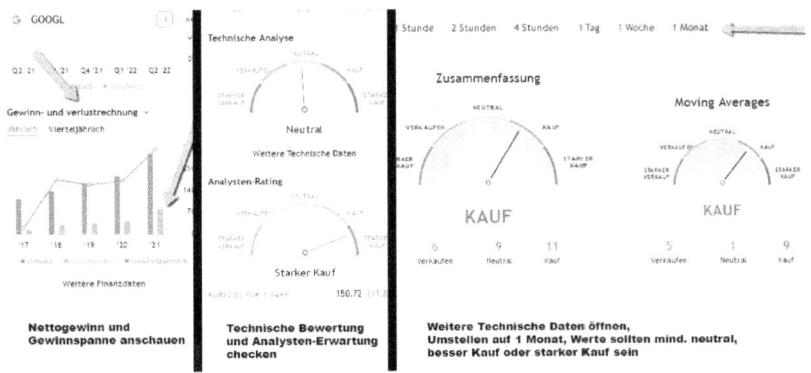

Nettogewinn und Gewinnspanne anschauen

Technische Bewertung und Analysten-Erwartung checken

Weitere Technische Daten öffnen, Umstellen auf 1 Monat, Werte sollten mind. neutral, besser Kauf oder starker Kauf sein

Man sieht hier die Gewinn- und Verlustrechnung (links) und die technische Analyse von heute.
Beim Klick auf „weitere technische Daten" öffnet sich das rechte Bild, hier bitte die Indikatoren von „1 Monat" anschauen.
Dies gibt einen ersten Eindruck davon, wie die Indikatoren der Aktie aus technischer Sicht ausschauen.

Unter dem großen **Chartbild in der Mitte der Seite finden Sie die Buchstaben „E" oder „D"**
Beim Daraufklicken öffnet sich das Feld **„Earnings und Revenue"**, das sind die aktuellen Daten des jeweiligen Zeitraumes (das letzte E sind die aktuellsten Daten)

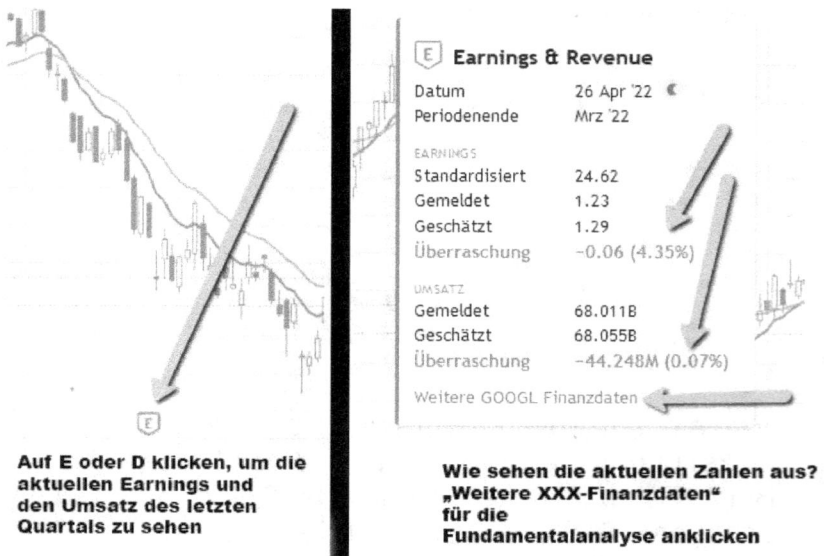

Auf E oder D klicken, um die aktuellen Earnings und den Umsatz des letzten Quartals zu sehen

Wie sehen die aktuellen Zahlen aus? „Weitere XXX-Finanzdaten" für die Fundamentalanalyse anklicken

Unter den Earnings & Revenues steht das Feld **„weitere GOOGL Finanzdaten"**, dort draufklicken, dann öffnet sich das nächste Blatt.
Schwerpunktmäßig interessant hier „Statements"

Im Feld **„Einkommensaufstellung"** finden Sie den **Gesamtumsatz und den Nettogewinn.**

Einige Firmen schaffen es tatsächlich, mehr als 20% des Umsatzes als Nettogewinn zu erwirtschaften. Hier Google in 2021: 257 Milliarden USD Gesamtumsatz, 76 Mrd USD Nettogewinn = fast 30% Nettogewinn vom Umsatz !

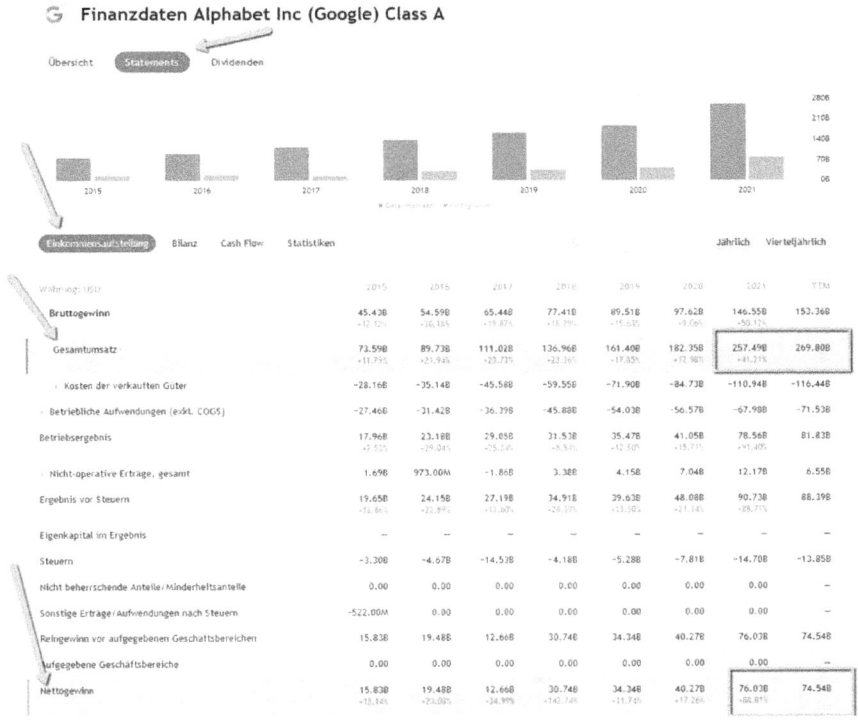

Finanzdaten - Statements - Einkommensaufstellung:
Je höher der Nettogewinn im Verhältnis zum Gesamtumsatz ist, desto besser.
Die letzten 2 Spalten: Vorjahr / laufendes Jahr bis zum aktuellen Zeitpunkt

Nächster Punkt: **Bilanz**

Hier besonders wichtig bei steigenden Zinsen: **Wie hoch ist das Eigenkapital im Verhältnis zu den Verbindlichkeiten bzw. zur Summe der Vermögenswerte.**
Je höher das Eigenkapital ist, desto besser, sollte möglichst höher als die Verbindlichkeiten sein.

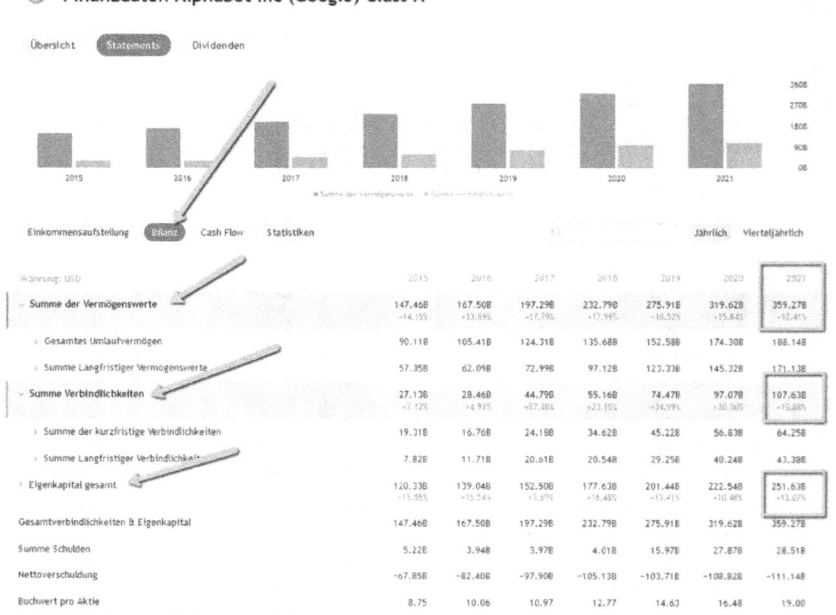

Finanzdaten - Statements - Bilanz
Je höher das Eigenkapital im Verhältnis zu den Verbindlichkeiten ist, desto besser.
Wichtig vor allem bei hohen Zinsen !

Nächster Check: **Freier Cash Flow**
Das ist das Geld, mit dem die Firma Konkurrenten übernehmen kann, Aktien zurückkaufen kann usw… also das Geld, das in der „Kaffeekasse" liegt.

Wichtig hier; Wie war die Entwicklung der letzten Jahre?

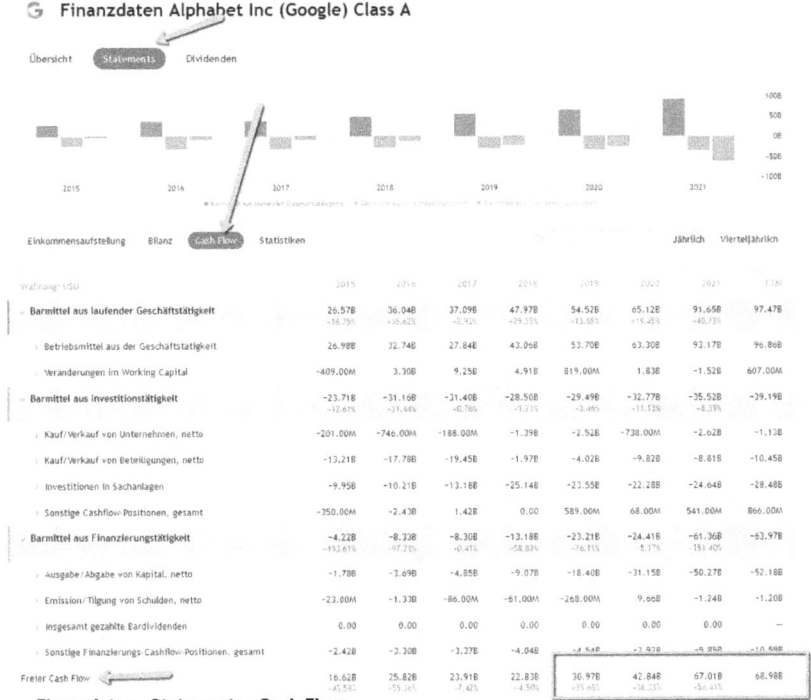

Finanzdaten - Statements - Cash Flow
Je höher der freie Cash Flow ist, ums besser. Wie war die Entwicklung die letzten Jahre?

Nächster Punkt: **Statistiken**

Hier vor allem das **Kurs-Gewinn-Verhältnis (KGV) und das Kurs-Cash Flow Verhältnis.**
Bei Tech Werten sind meist die KGV´s deutlich höher als bei Value-Werten, die Zahl sollte aber nicht „übertrieben" hoch sein.
Die durchschnittlichen KGV´s aller amerikanischen Aktien-Werte lag die letzten Jahre bei ca. 18-25, Growth (Tech)-Werte meist deutlich höher
Z.B. besagt ein KGV von 5, dass die Firma mit dem Gewinn in 5 Jahren sämtliche Aktien des Unternehmens aufkaufen könnte.
Aufpassen: Niedrige KGV´s bei negativen Freien Cash Flow Werten besagen, dass Geld aus der Bilanz abfliesst!

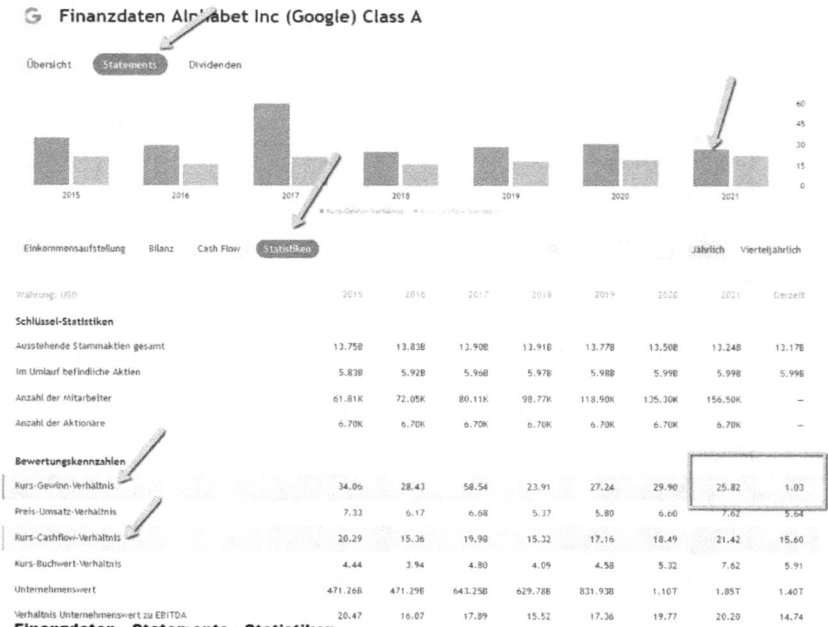

Finanzdaten - Statements - Statistiken
KGV (Kurs-Gewinn-Verhältnis) und KCV (Kurs-Cashflow-Verhältnis)
KGV-Wert sollte möglichst niedrig sein, am besten unter 20

Nach unten scrollen auf der Seite **Statistiken** (ist in der aktuellen Version eine separate Seite): **Rentabilitätszahlen**

Wichtig die **Bruttomarge und die Nettomarge bzw. die Gesamtrentabilität.** Wachstumswerte sollten zumindest eine hohe Bruttomarge über 30% haben, falls die anderen Zahlen eher nicht so gut aussehen. Das ist dann ein Zeichen dafür, dass das Unternehmen stark wächst (aber vielleicht noch nichts verdient) Besser ist natürlich, wenn alle Werte hier im deutlich positiven Bereich liegen

G Finanzdaten Alphabet Inc (Google) Class A

Übersicht   Statements   Dividenden

Schlüssel-Statistiken

Ausstehende Stammaktien gesamt	13.75B	13.83B	13.90B	13.91B	13.77B	13.50B	13.24B	13.17B
Im Umlauf befindliche Aktien	5.83B	5.92B	5.96B	5.97B	5.98B	5.99B	5.99B	5.99B
Anzahl der Mitarbeiter	61.81K	72.05K	80.11K	98.77K	118.90K	135.30K	156.50K	–
Anzahl der Aktionäre	6.70K	6.70K	6.70K	6.70K	6.70K	6.70K	6.70K	–

Bewertungskennzahlen

Kurs-Gewinn-Verhältnis	34.06	28.43	58.54	23.91	27.24	29.90	25.82	1.03
Preis-Umsatz-Verhältnis	7.33	6.17	6.68	5.37	5.80	6.60	7.62	5.64
Kurs-Cashflow-Verhältnis	20.29	15.36	19.98	15.32	17.16	18.49	21.42	15.60
Kurs-Buchwert-Verhältnis	4.44	3.94	4.80	4.09	4.58	5.32	7.62	5.91
Unternehmenswert	471.26B	471.29B	643.25B	629.78B	831.93B	1.10T	1.85T	1.10T
Verhältnis Unternehmenswert zu EBITDA	20.47	16.07	17.89	15.52	17.36	19.77	20.20	1.74

Rentabilitätskennzahlen

Gesamtkapitalrentabilität in %	10.73	12.37	6.94	14.29	13.50	13.52	22.40	21.79
Eigenkapitalrendite in %	13.15	15.02	8.69	18.62	18.12	19.00	32.07	30.80
Rendite auf das investierte Kapital %	12.94	14.68	8.46	18.18	17.26	17.36	28.94	27.84
Bruttomarge in %	61.73	60.84	58.94	56.52	55.46	53.53	56.91	56.30
Operative Marge in %	24.41	25.83	26.17	23.02	21.98	22.51	30.51	29.26
EBITDA margin %	31.29	32.68	32.39	29.62	29.28	30.02	35.34	34.84
Nettomarge in %	21.51	21.71	11.40	22.44	21.28	22.08	29.53	24.27

Finanzdaten - Statements - Statistiken - nach unten scrollen
Rentabilität: Bruttomarge möglichst über 30, Nettomarge und Gesamtkapitalrentabilität möglichst hoch (Gesamtkapitalrentabilität höher 10 ist sehr gut)

Wenn Sie alle diese Werte nachgeschaut haben, haben Sie einen Eindruck von den Fundamentaldaten der Firma und können beurteilen, ob die Aktie des Unternehmens auch in Krisenzeiten einen Kauf wert ist.

Falls Sie Zweifel haben: Lieber die Finger vom Kauf lassen und die nächsten Earnings abwarten, um eine Tendenz beobachten zu können.

18. Impressum

food & future Agentur für Kommunikation & Vertrieb e.K. /
DerOnlinemüller Capital GmbH, Joachim Müller

Schumannstr. 12
D- 67269 Grünstadt
Deutschland

E-Mail: info@food-future.de

 2023 Joachim Müller

www.ingramcontent.com/pod-product-compliance
Lightning Source LLC
Chambersburg PA
CBHW070116010626
45794CB00013B/2321